REQUÊTE

PRÉSENTÉE A NOSSEIGNEURS

DE L'ASSEMBLÉE NATIONALE;

Par Louis-Phil. Pottin de Vauvineux.

A NOSSEIGNEURS

DE
L'ASSEMBLÉE NATIONALE.

N O S S E I G N E U R S ,

Louis-Philippe Pottin de Vauvineux, ancien capitaine de cavalerie, ancien lieutenant de Roi de la ci-devant province du haut et bas-Maine, se garderoit bien de venir interrompre l'Assemblée nationale, s'il n'étoit question que d'affaires particulières, que d'injustices, de vexations et d'oppressions ; il sait qu'aucune espèce de considération ne doit arrêter ni suspendre le cours des affaires générales, et que toute espèce d'intérêt devient nul devant l'intérêt public.

Mais aujourd'hui que sa cause est devenue commune, et liée avec les plus chers intérêts de la Nation ; aujourd'hui que ce seroit la trahir et se rendre coupable envers elle, que de ne pas l'instruire des faits qui la touchent aussi essentiellement, il se présente avec confiance à son tribunal, pour y donner des renseignemens qui ne pourront être qu'infiniment utiles, en faisant connoître une race d'hommes pervers, homme en places, financiers-légistes, ancien premier commis des finances, commis de ministres, tous également dévorés de la soif du crédit et des richesses, et d'autant plus redoutables que la plupart, cachés sous le rideau, ou dans l'obscurité des bureaux, disposoient, avec sécurité, du pouvoir souverain, sous le nom des ministres, qu'ils se faisoient un jeu de tromper les premiers.

(5)

On en va voir des preuves multipliées dans les faits que je vais rapporter, et que je laisserai tomber de ma plume tels qu'ils me seront indiqués par l'ordre des dates, sans me permettre d'autres réflexions que celles qui sortiront naturellement des faits eux-mêmes, et qui feront ressortir la vérité. Infiniment intéressante pour moi, elle ne l'est pas moins pour l'Assemblée Nationale, à laquelle elle donnera la clef de certains faits importans qui ont frappé son Comité des pensions, et dont il n'a pu pénétrer le mystère. Il connoîtra comment le débet des sieurs Meulan n'a été fixé qu'à une somme de 561,780 livres ; pourquoi il a été fait défense à la chambre des comptes et à la cour des aides d'en connoître ; comment cette somme est rentrée entre les mains des sieurs Meulan, suivant que le prouve la découverte du Comité des pensions, page 24 de l'état du comptant, et des restes de 1783 : et pourquoi cette somme de 561,780 livres, portée en toutes lettres dans l'article, ne se trouve hors ligne que pour 56,780 livres, suivant l'observation importante du Comité des pensions, page 65 du même état 1783.

A 3

L'Assemblée pourra également connoître comment des sommes prises au trésor royal dès 1781 , ne sont portées qu'à la date de 1784.

La connoissance de cette vérité lui servira de fil pour le conduire à la découverte de plus de cinq millions qui, dans la même année , n'ont eu pareillement pour cause, que l'expoliation du trésor royal , par suite de l'intrigue des 561,780 livres , par moi déposées audit trésor.

Mais comme les pièces justificatives sont nécessaires pour que le comité des pensions y prenne des renseignemens certains, il est essentiel que l'Assemblée Nationale en ordonne le dépôt. Cette disposition est d'autant plus indispensable , qu'elle regarde plusieurs autres comités ; celui des domaines, pour les parties domaniales qui m'ont été frauduleusement vendues ; le comité ecclésiatique, pour les biens d'église qui m'ont été vendus également, et dont je n'ai eu connoissance que depuis le décret qui a aboli les dimes ; le comité des finances , pour les parties qui le concernent ; celui des dons patriotiques, pour le don de 33,000 livres que j'y ai fait : et celui des recherches, pour l'abus, le mépris et la violation des décrets de l'Assemblée, que les pièces justifieront.

C'est pour éclairer l'Assemblée sur ces différents objets qui sortent du fonds de mon affaire, que j'ai cru devoir lui en donner un apperçu succinct, qui la mette à portée d'apprécier la justice de ma demande ; et je demande en outre la révocation de la commission du conseil, par moi obtenue les 24 Août 1787, 2 et 9 Février 1788, pour juger mes affaires sans frais et sur papier commun, et qui paroît naturellement supprimée par les décrets de l'Assemblée qui a proscrit toute espèce de commission : en conséquence je la supplie d'ordonner le dépôt des pièces aux archives de l'Assemblée, et de nommer aussi-tôt après l'organisation des tribunaux, celui qui, à cause de la nature des affaires, devra en connoître. Je la supplie en même-temps de recevoir la réitération de toutes les protestations que j'ai faites à la commission, et notamment au greffe : et attendu que je suis demandant dans les diverses affaires et que je n'ai aucun procès avec mes vrais créanciers que je suis prêt de payer, quoique

par l'abus le plus révoltant, qui leur a cons-
tamment fait jouer le Roi, les ministres,
tous les tribunaux, et aujourd'hui la Nation entière, les sieurs Meulan, Saint-Prix
et Taupinard de Tillières paroissent être
demandeurs, en faisant afficher à leurs portes, comme en direction, la vente de ma
terre de St. Martin-d'Ablois, qui n'a jamais
été en direction, et que la prétendue enchère de 1,200,000 liv. ne soit qu'une suite
de manœuvres, pour la déprécier, et parvenir plus sûrement à me dépouiller d'une fortune qui devroit être de près de 4,000,000 l.
et dont graces à la Révolution, je sauverai
du naufrage au moins deux millions, ne devant pas 500,000 l. sur une terre de près de
3,000,000 et qui n'est point à vendre.

Les faits qui vont être rapportés appren-
dront à la France, entre les mains de quels
terribles gens elle étoit livrée, quand elle
verra avec quelle facilité ils se jouoient et de
la bonté du monarque, et de la vigilance des
ministres.

F A I T S.

Devenu fils unique en 1762, par la mort
d'un frère, cornette dans Colonel-Général,
cavalerie, et le dernier de mon nom, je

formai la résolution de réunir mes biens, que je trouvois trop éloignés les uns des autres. En conséquence je vendis au baron de Montmorenci 400,000 liv. au denier 40, la terre du Mée en Dunois que j'avois du côté de ma mère (Duplessis-Châtillon), et qui étoit dans la famille depuis 1450. Ayant manqué une acquisition, près de la terre du Chesne en Normandie, que mes pères possédoient depuis 1488 (1), j'achetai en 1773 le comté de Vauvineux, et la baronnie de Montgaudry dans le Perche, à quinze lieues de la terre du Chesne.

Cette acquisition qui me coûta 430,000 l. étoit affermée 14,000 liv. Par les améliorations que j'y fis, je la portai à 32,000 liv. et quatre ans après, en 1777, on m'en offrit un million. Loin de vouloir la revendre, je voulus acheter la baronnie de Montmirail, dont le prix fut arrêté à 1,200,000 liv. Pour remplir cet objet, je me proposois de vendre la terre du Chesne de 500,000 liv. d'y joindre 200,000 l. de la terre de Sassey, et 500,000 l.

____

(1) Elle avoit été acquise par Robert Pottin, commandant des gardes de M. de Bourbon, duc d'Auvergne et du Bourbonnois.

sur le prix de la futaye de Montmirail, ayant été assez heureux pour imaginer le moyen d'en transporter les bois à Brest par un canal, exécuté depuis par les acquéreurs. J'avois instruit le ministre de la marine de cet objet, et, par cette opération, je réunissois plus de 2,000,000 l. de bien dans le Perche.

L'année suivante, j'appris que la terre de Saint-Martin-d'Ablois étoit à vendre, et qu'elle étoit d'un seul morceau. Je vis avec plaisir que cette terre superbe, par tout ce qui peut flatter, étoit aussi susceptible des plus grandes améliorations. J'en fis l'estimation en sept heures de temps, et je ne doutai point que je ne la portasse, de 64,000 liv. qu'elle étoit affermée, à plus de 120,000 liv. Par ce moyen, tous mes biens étoient réunis, ainsi que je l'avois toujours désiré.

J'étois certain de vendre en six mois mes terres de Vauvineux, Duchesne et de Sassey, et d'en tirer 17 à 18 cent mille livres.

Dans la crainte qu'un autre acquéreur ne reconnût, dans la terre d'Ablois, les mêmes avantages que moi, j'en offris sur-le-champ 1,500,000 livres, non compris près de 400,000 livres de quint et requint, insinuation et autres frais. Le prix fut arrêté ; et, au moyen d'une clause par laquelle je devois laisser les vendeurs toucher trois années du prix des bois, j'aurois payé la terre d'Ablois sans un sol d'emprunt.

Un sieur Bonnard, chargé des affaires des sieurs Meulan et la Millière, me proposa de signer le marché sous seing-privé. De mon côté je le désirois ; mais je crus prudent, avant tout, de lire le bail et de prendre communication des marchés de bois. Je reconnus, dans cette dernière partie, une différence de plus de mille arpens de moins que ne portoit l'état imprimé d'après lequel j'achetois , état qui annónçoit chaque coupe de deux cents arpens, tandis qu'elles n'étoient que de 160 et quelques arpens.

Une différence aussi énorme me fit craindre d'autres erreurs, et m'engagea à suspendre la conclusion d'un marché où je trouvois une diminution de 20,000 livres de rente.

Je demandai une réduction de prix qui ne pouvoit jamais être proportionnée à la perte que j'éprouvois ; mais on ne voulut point y entendre, prétendant que les bois étoient affermés tels qu'on me l'avoit déclaré (1).

On me proposa, comme une indemnité, de me donner pour 400,000 liv. une maison rue des Capucines, et qui fait aujourd'hui l'hôtel de la mairie ; or cette nouvelle acquisition, en la supposant même avantageuse, dérangeoit entièrement le calcul de mes opérations. Je n'avois pas l'envie d'employer 400,000 livres pour me loger, sur-tout dans un pareil moment, et encore moins d'acheter pour revendre.

Tous ces faits se sont passés en Juillet et Août 1779 : la maison de la rue des Capucines fut vendue au Roi 480,000 livres au mois de Mai 1780, et j'acquis la terre d'Ablois le 2 Octobre suivant, au prix de mes premières offres.

J'étois bien loin d'imaginer les journées des 19 et 20 Mai 1781, journées instructives pour l'histoire de la finance, et dont il est intéressant que l'Assemblée Nationale ait

---

(1) J'avois calculé sur la quantité d'arpens de bois et de coupes, et non sur le prix de la location ; or les coupes étant de près de quarante arpens de moins, le prix étoit bien différent.

connoissance ; cette anecdote seule étant ca-
pable de faire connoître les personnages entre
les mains desquels s'est trouvé livré le
trésor public. Je ne soupçonnois pas davantage la centième partie des vexations que
l'on m'a fait éprouver , et qui je crois touchent à leur fin. Je ne pouvois également
prévoir l'emprunt viager de Décembre
1780 qui fit baisser les terres , et qui ne
laissoit pas d'influer sur moi qui venois d'en
acheter une , et qui me trouvois dans la nécessité d'en vendre trois pour payer cette
acquisition.

On vient de voir que le 2 Octobre 1780 ,
j'avois acquis des sieurs Meulan et de la
Milière la terre de Saint - Martin - d'Ablois
1,500,000 livres , non compris environ
400,000 livres de droits de quint et requint,
etc. Il est bon d'observer, 1°. que le contrat
ne porte que 1,224,000 liv. Mais par acte sé-
paré du même jour , je payai 81,300 livres
aux sieurs Meulan , et l'excédent se trouve
compris dans trois coupes de la forêt par eux
réservées , et dont ils ont touché le prix.

Les sieurs de Meulan né déclarent que
157,000 livres de créanciers , au nombre de

douze et ils n'y font aucune mention de M. de Lalive, créancier privilégié d'une somme de 100,000 liv.

3°. Les sieurs de Meulan et de la Millière déclarent qu'il n'est rien dû au Roi (1).

Instruit de la marche à tenir, je demande le consentement du procureur-général de la cour des Aides : ce magistrat me le refuse, mais devient opposant.

Quarante créanciers au lieu de douze sont également opposans.

Voyant sur la terre d'Ablois cette foule d'opposans dont on m'avoit dérobé la connoissance, je crus devoir me rendre d'autant moins facile pour la délivrance des deniers, que le prix de cette terre pouvoit être absorbé par le Roi seul, et même être insuffisant. D'ailleurs, à ces craintes qui n'étoient que trop fondées, il s'en étoit joint d'autres qui malheureusement ne se sont trouvées que

____

(1) Bien des personnes ignorent que les hypothéques ne purgent pas vis-à-vis du Roi ; le but des sieurs Meulan étoit que le contrat mis aux hypothéques, le Roi, ou vraisemblablement les sieurs Meulan sous son nom, pussent s'emparer de la terre. La suite paroît ne laisser aucun doute à cet égard.

trop réelles. Fidèles à leurs principes , qui leur avoient fait annoncer 1000 arpens de bois qui n'existoient pas , et qui m'ont induit en erreur , les sieurs de Meulan m'ont vendu deux fois 450 arpens, et des portions consi-dérables de biens qui ne leur appartenoient pas , tels qu'une portion domaniale et le bien d'un prieuré ; (ces derniers faits n'ont été dé-couverts qu'au mois de Janvier) ; mais , pour ne pas intervertir la date des faits , je dirai seulement que , pendant qu'on dressoit le contrat chez le notaire , le sieur de Meulan , de connivence avec le titulaire d'un prieuré à leur nomination, ont compris 50 arpens de ce prieuré dans la vente qu'ils m'ont faite, et, pour couvrir cette fraude , ont fait passer , par l'entremise d'un sieur Moreau, receveur des tailles , créature à eux, le prieuré sur la tête d'un enfant de 12 ans.

Le 19 Mai, M. Necker quitte les finances, et le lendemain 20 , le Roi remet le porte-feuille par *interim* à M. Joly de Fleury. Les sieurs de la Millière , Dufresne et Meulan profitent du départ du ministre et de cet in-tervalle , pour faire réduire et fixer le débet Meulan à 561,780 livres seulement , qu'ils donnent à prendre sur moi des deniers provenant de la vente d'Ablois.

Non contens d'avoir surpris une faveur aussi signalée, ils font faire, par le Roi, dans le même jour, l'ordre de leurs créanciers sans les appeler, présentent requête au conseil, font payer des chirographaires exigibles avant des hypothécaires à constitution, conviennent que, dans la vente d'Ablois, ils n'ont pas parlé de leur dette envers le Roi, dans l'espérance, disent-ils, d'une rentrée considérable de fonds suffisante pour s'acquitter. Ils reconnoissent la nécessité du consentement du procureur-général de la cour des Aides, et par une conséquence, naturelle sans doute en finance, ils demandent qu'il lui soit fait défense, et à celui de la chambre des comptes, d'en prendre connoissance.

Et comme ils avoient eu en outre l'heureuse prévoyance de surprendre un bon, pour reprendre au trésor royal les 561,780 l. si je les payois, ou une quittance s'ils pouvoient parvenir à m'empêcher de payer, ils font reconnoître et insérer dans l'arrêt :

« *qu'il est de LA PLUS GRANDE CONSÉQUENCE*

pour

» *pour les finances du Roi, de faire rentrer*
» *promptement en son trésor royal, le débet*
» *dudit sieur Meulan, et de prévenir tou-*
» *tes contestations litigieuses, ainsi que les*
» *frais qui pourroient s'ensuivre;* à quoi
» étant nécessaire de pourvoir, veut Sa
» Majesté que ledit sieur comte de Vauvi-
» neux soit tenu, SANS TIRER A CONSÉQUEN-
» CE, dans quinzaine, à compter du jour
» de la signification dudit arrêt, de payer
» nonobstant toutes oppositions aux lettres
» de ratification, ou empêchemens quelcon-
» ques, la somme de 561,780 l. »

Si j'avois été réellement débiteur envers le
Roi, il est à-peu-près certain que, malgré
la plus grande conséquence pour ses finances, il n'eût pas voulu transgresser toutes les
ordonnances et édits pour me faire sentir
toute sa puissance, en ne m'accordant que
quinzaine pour tout délai, et il est encore
plus certain qu'il eût au moins attendu l'ex-
piration de cette quinzaine pour me persécuter.

Mais ce bel arrêt du mois de Mai, signé
Amelot, ne me fut signifié que le 22 Juin.
Lorsqu'on me signifia cet arrêt signé Ame-

lot, je vais à Versailles à son bureau, où l'on m'assure qu'il n'existe pas, et que je me trompe ; on me renvoie à Paris au ministre, qui ne le connoît pas plus que ses bureaux ; il me renvoie tout aussi infructueusement : qui que ce soit n'en a connoissance, parce que, chose incroyable, il n'avoit été créé que par les sieurs la Millière, Dufresne et Meulan, et la minute étoit entre leurs mains, au lieu d'être dans le bureau où elle eût dû se trouver.

Etant loin d'imaginer les fripponneries qui s'étoient passées, et qui seroient encore sous le voile ténébreux de la finance, sans la révolution qu'on doit à ses brigandages, et qui a produit l'état du comptant et des restes de 1783, imprimé le 5 Mai par l'ordre de l'Assemblée Nationale, et dans lequel se trouve tout le nœud de cette intrigue, je m'adresse à M. de Fleury. Je lui annonce que j'ai en caisse près de 300,000 l. (1), qu'il doit me rentrer, sous peu de mois, 264,000 autres liv. prix d'une portion de Vauvineux, vendue au marquis de Ryant, somme plus que suffisante pour payer les 561,780 livres.

____

(1) Les actes du dépôt le prouvent.

Ce ministre souscrit à tout ce que je lui demande, comme souverainement juste; mais le lendemain à mon lever, une lettre signée Fleury, m'annonce qu'on ne peut m'accorder aucun délai. Je me rends à Versailles, pour savoir de lui la raison de ce changement subit. Les affaires du jour ne lui permettent pas de me parler; j'apprends d'un secrétaire que, pour mon affaire, il faut que je m'adresse à M. de la Millière, qui en avoit été chargé par le ministre.

Je n'avois garde, puisqu'il étoit réputé mon vendeur; et, à son défaut, je prends le parti de m'adresser au sieur Dufresne, premier commis, ou pour mieux dire, le despote de la finance. Il me répond, avec le ton d'un homme intéressé à l'affaire, qu'on attendoit sur ces fonds là au trésor royal.... A l'entendre, on eût dit que le sort de la France dépendoit de ma somme et de moi.

Le Roi m'avoit donné quinze jours pour faire sceller les lettres et pour payer; mais une si grande grace étant préjudiciable aux intérêts de l'état, dès le treizième on me fait à sa requête, des saisies dans trois provinces, et une saisie féodale à Ablois, pour

3oo,ooo livres de droits seigneuriaux , que j'avois encore quatre mois pour payer, suivant la décision du conseil , obtenue par M. Necker le 25 Septembre 1780 , huit jours avant mon acquisition, et qui l'ont été avant l'époque, ainsi que le justifie la quittance que j'ai communiquée au comité des pensions.

Tout ce manège de vexations devoit nécessairement influer d'autant plus sur mes opérations et sur mon crédit que , dans le même temps , le bruit s'étoit répandu dans la capitale, que je n'avois acquis Ablois que pour un objet de spéculation , mais que je m'étois trompé , et que l'affaire étoit mauvaise. Il est clair que si , en me décriant , on avoit pu réussir à m'empêcher de payer, les sieurs de Meulan étant quittes avec le Roi , par le moyen de la surprise du bon qui les autorisoit à reprendre au trésor royal les 561,780 livres de débet pour la rentrée desquels ils me poursuivoient au nom du Roi , ils seroient rentrés dans leur terre , et m'auroient en outre demandé des dommages énormes.

Heureusement la solidité des arrangemens

que j'avois pris m'ayant permis de faire face à mes premiers engagemens, sinon à la quinzaine, comme je l'aurois pu sans ces vexations, du moins à des époques peu éloignées, ainsi que le prouvent trois quittances du trésor royal, de 1781 et 1782, les sieurs de Meulan virent échouer leur projet, qui passoit pour si assuré, qu'au mois de Mars 1783, c'est-à-dire dans un temps où j'avois ces quittances dans ma poche, je vis dans un livre imprimé cette même année, (Dictionnaire ecclésiastique du diocèse de Soissons), que Saint-Martin-d'Ablois seroit vendu par décret, ou que les sieurs Meulan le reprendroient ; et ce qui ne laisse aucun doute sur le venin d'une pareille assertion, c'est qu'elle se trouve dans l'*errata* de ce livre, imprimé par conséquent en 1783, et postérieurement à mes quittances. Un fait non moins incroyable, c'est que je n'ai obtenu que 50 livres de dommages vis-à-vis du particulier, tandis que les faux frais ont passé cinquante louis, et que le tort qui m'a été fait a été irréparable.

En 1784, ma terre est mise en décret par la cabale Meulan, pour une somme de

26,000 l. qui furent payées par offres réelles dans les vingt-quatre heures.

En Janvier 1785, elle est mise en décret par surprise, sous le nom d'un sieur rin, prête-nom.

Un fait essentiel est qu'au moyen de ce que j'avois tous mes fonds dès 1781, tant pour les 561,780 livres, que pour les droits de quint et requint dûs au Roi, S. Majesté me dispensa de payer les intérêts des 561,780 livres qui lui étoient délégués par les sieurs Meulan, à compter de la date du contrat. M. l'Evêque de Termes m'avoit procuré cette grace.

En 1785 il meurt, et au mois de Mars 1786, par un trait qui ne peut être conçu que par la finance, les sieurs de Meulan, qui avoient soufflé les 561,780 livres que j'avois payées au trésor royal à leur acquit, forment contre moi, sous le faux prétexte qu'ils n'avoient cédé au Roi que le capital et point les intérêts, une demande au parlement des intérêts de cette somme, comme en ignorant le paiement. Ce n'a été qu'en 1788, l'affaire étant au conseil, qu'ils se sont désistés de leur incroyable demande; mais, comme pour son honneur, la finance ne doit faire aucune attaque infructueuse, on leur a accordé

18,000 livres, que malgré leur constance à braver les décrets de l'Assemblée Nationale, ils ne redemanderont sans doute plus, depuis l'impression des états de comptant et des restes de 1783. Ces sommes, si j'étois venu à mourir ou à succomber sous leurs perfides décrets, les sieurs Meulan se les approprioient, et peut-être aussi ma terre.

Au mois de Juin 1787, on obtient un arrêt provisoire du Parlement, qui ordonne la vente de mes meubles d'Ablois, si je ne payois pas. L'arrêt et commandement de payer m'est signifié la veille de la Fête-Dieu au soir, et dès le lendemain vendredi cette vente étoit dans les affiches de Paris, pour qu'au moins, en cas de paiement, toute la France fût imbue de cette prétendue vente.

Je forme à Paris opposition et je demande un référé ; mais je reçois assignation, pour être présent au récollement le lundi à midi, et on passe outre sans référé.

J'envoie en poste à Ablois, pour former une nouvelle opposition à la vente, et, en tant que de besoin, être présent audit récollement qui devoit se faire à midi ; mais déjà dès les dix heures la vente étoit commencée, et même, ce qui passe toute croyance, dès les huit heures du matin du même jour, on m'avoit fait signifier, à mon domicile à Paris, deux arrêts différens surpris au Parlement, lesquels ordonnoient la distribution du prix de ces meubles annoncés déjà vendus au greffe du palais, distant de trente lieues d'Ablois.

Ce brigandage et le motif des deux arrêts auroient été ensévelis dans la poussière du greffe, si deux procureurs, qui cherchoient mutuellement à se tromper, n'avoient pas mis en œuvre le même stratagème, et rencontré deux honnêtes greffiers dignes de leur confiance réciproque. Les adversaires du comte de Vauvineux n'étoient jamais embarrassés pour se procurer d'avance tous les arrêts qui pouvoient les servir. On voit que les huissiers en avoient en poches de distribution, et il paroît qu'ils étoient si familiarisés à cette marche commode, qu'ils les signifioient même avant l'heure qui leur permettoit d'exister, et qu'ils ne craignoient pas de dater d'une heure prématurée.

Au reste, la vente de ces meubles, quoique mis au pillage, a monté à 30,000 liv., un seul article suffit pour convaincre du pillage : 500 milliers de grosses briques ont été donnés pour 20 sols le millier au lieu de 18 l.

Fatigué des vexations de toute espèce que me prodiguoient les sieurs Meulan, j'obtins, le 24 Août, une commission qui évoque toutes mes affaires, lesquelles devoient être jugées sans frais et sur papier commun, aux requêtes de l'hôtel au souverain.

Les sieurs Meulan, Saint-Prix, acquéreur de la terre du Chesne, et Taupinard de Tillières, forment opposition à l'arrêt du 24 Août, sur les quatre chefs ci-après, qui n'avoient évidemment d'autre but que de servir l'esprit de chicane et de cupidité qui les conduisoit. Le premier étoit fondé sur *ce que le Roi avoit sursis aux poursuites.* Le second, *sur ce que les créanciers, au lieu de faire des procédures dispendieuses, étoient simplement tenus de remettre leurs titres.* Le troisième, *sur ce que Sa Majesté m'avoit confié l'exécution de l'arrêt,* ce qui me permettoit de me libérer promptement envers mes créanciers. Le quatrième enfin, qui seroit l'indécence même, si la finance connoissoit la pudeur, *sur ce que tout se feroit sans frais.*

Je demande pardon à l'Assemblée Nationale, de faire paroître devant elle la vérité
sous l'habillement de l'invraisemblance, de
l'absurdité ; mais l'arrêt du conseil attestera
que je n'avance rien que d'exact : aussi ne
fut-il pas difficile d'obtenir, le 2 Février
1788, qu'il fussent déboutés de leurs opposition.

Pour trancher toutes difficultés, les sieurs
Meulan, de Saint-Prix et Taupinard de Tillières, avoient imaginé dans le même-tems,
au moyen et par l'entremise du sieur de la
Millière et des commis, de faire ordonner
que ma terre seroit vendue sur une seule
publication. Cette demande avoit été glissée
dans le porte-feuille du ministre, qui s'en
étant heureusement apperçu, au lieu d'un
néant à une pareille demande, les fit débou-
ter par arrêt du même jour. Sans cet heureux
hasard, qui fit rencontrer ce jour-là au conseil ces deux affaires qui me concernoient,
et qui étoient de nature si différente, ma
terre étoit vendue sur une simple publication, par arrêt sur requête non communiquée.

Quinze jours après, un digne parent bien

connu des sieurs Meulan , le sieur Brochet
de Saint-Prest , maître des requêtes , fait
décréter mon avocat , auquel il a fallu plusieurs mois pour obtenir justice. Son crime
étoit d'avoir représenté au conseil , sur un
jugement des Requêtes qui anéantissoit l'arrêt du 24 août 1787, que ledit sieur Brochet
de Saint-Prest , avoit siégé à l'audience ,
entendu la plaidoirie de la cause , et s'étoit
levé aux opinions pour voter comme les
autres magistrats dans le jugement atta-
qué , quoique parent au degré prohibé
des héritiers Meulan , mes principaux
créanciers , ou se disant tels , ce qui ren-
doit le jugement radicalement nul.

Ces traits égarés par la vengeance , et qui
ne m'avoient plus qu'indirectement pour objet, me laissoient croire que mes ennemis ,
par impuissance de me nuire , me laisse-
roient enfin tranquille. Je le fus en effet ,
et ma sécurité dura jusqu'à la fin de Juillet;
je croyois toucher au terme des tracasseries,
j'allois payer les créanciers et jouir de mes
biens ; je devois avoir un jugement le 30
Juillet ; le procureur - général ne m'avoit
même pas caché ses conclusions , mais le

sieur la Millière que je trouvois par-tout ,
et qui sembloit prévoir qu'un jour sa conduite seroit éclairée , (et je vois qu'elle va
l'être, si cela n'est déjà fait dans les comités),
le sieur de la Millière se rend en personne
chez les secrétaires et les greffiers . . . . .
J'ignore ce qui s'est passé, mais j'ai perdu
300,000 livres le 30 Juillet 1788 ; me con-
damner paroissoit un acte si méritoire ,
que je l'ai été envers un particulier qui se
laissa juger par défaut, et que l'année 1790
et la révolution m'ont appris n'y avoir aucun intérêt.

Ce même arrêt dépouilloit, sans l'entendre , le titulaire d'un prieuré qui ne s'est
remué , pour répéter son domaine, que lorsqu'il s'est vu dépouillé , par les décrets de
l'Assemblée, du surplus de son bénéfice con-
sistant en dîmes. Et la tierce-opposition par
lui formée , non seulement me remet dans
mes droits , mais démontre , jusqu'à la dernière évidence , que le sieur la Millière avoit
dicté le jugement à M. de Crisenois , pour
le faire passer.

En obtenant du Roi la commission , je
n'avois demandé que vingt-quatre heures

pour payer les créanciers , ayant plus de 43o,ooo livres en dépôt pour cela ; mais cet arrêt me condamnant à payer plus de 700,000 livres, il est clair que ma somme n'étoit plus suffisante. Aussi les sieurs Meulan , Saint-Prix et Taupinard de Tillières reprenant courage , épient le moment où la surveillance des commis pourra trouver ou mettre en défaut celle des ministres, et ils surprennent , le 10 Octobre , un arrêt du conseil pour vendre, non plus sur une simple publication , mais sur trois , ma terre qu'ils déclarent en direction. Il est bon d'observer qu'ils firent usage des mêmes pièces dont ils s'étoient servis, et dont ils avoient été déboutés le 2 Février 1788.

Comme ces moyens étoient d'une fausseté évidente, et qu'ils en connoissoient tous les vices , ils furent trois mois sans le montrer, il ne parut qu'en Janvier 1789, peut-être attendoient-ils quelqu'occasion favorable pour s'en servir comme leur pis aller faute de mieux , ou pour l'annuller et en substituer un autre à sa place.

Quoiqu'il en soit , le 19 Décembre ils en demandent l'entérinement. On ordonne que

la prétendue direction me sera communiquée ; ce qui a été fait en Janvier. Ensuite
on forme une autre demande pour, au moyen
de cet arrêt, mettre des affiches. On publie
par-tout que je suis ruiné, que mon bien est
en direction. Ils avoient mis dans leurs intérêts plusieurs. . . . . . et un sieur Trutat,
notaire, contre lequel j'avois porté plainte
à la compagnie, d'une somme chez lui déposée, qu'il m'avoit voulu faire perdre, et
qui s'est retrouvée.

Le 27 Avril 1789, on me somme de répondre dans *huitaine*. Cette huitaine finis-
soit au plutôt le 6 mai. Mais comme après
tout il ne s'agissoit que d'avoir ma terre, que
c'étoit là l'unique but de tous les efforts de
mes ennemis, il paroît un jugement le 30
avril, six jours avant le délai, et nonobstant
l'opposition à l'arrêt sur requête.

La crainte que quelque nouvelle surprise
ne me fît enfin succomber avec des gens aussi
dangereux que les sieurs la Millière, Meulan, Saint-Prix, me fit résoudre à vendre
ma propriété, quoique cette vente me fût
infiniment préjudiciable à tous égards : car,
sans parler de la perte de mon bénéfice, cent

mille écus de lods et ventes, les frais énormes qui m'avoient été occasionnés, devenoient pour moi en pure perte ; il faut y ajoûter la presque impossibilité de trouver, vu les circonstances, un acquéreur pour une terre qui, avec les droits, seroit revenue à 3,000,000 liv. Mais, mettant de côté toutes ces considérations, je m'étois résolu de me tirer à tout prix des griffes de la finance, et de sauver le plus que je pourrois des débris de ma fortune. Il se présenta deux acquéreurs ; l'un desquels, je crois n'y pensoit guères : c'étoit Pinet. L'autre prend jour avec moi pour entrer en marché, et je trouve sur son bureau les petites affiches où ma terre étoit annoncée en direction. Ce mensonge ne m'inquiétoit pas, mais il suffisoit pour m'empêcher de traiter, et cela remplissoit le but des individus qui avoient fait faire l'annonce.

Elle portoit pour le 21 Juillet la première publication. Je savois que cela étoit nul et vexatoire, mais j'étois forcé de gémir et d'attendre en silence. Je n'osois paroître ; partout je m'entendois nommer comme ayant des affaires ruinées par de fausses spéculations.

La révolution du 14 Juillet arrive ; je fais demander à parler au rapporteur le 20 ; on me fait dire et j'apprends par le public qu'il n'est pas à Paris. Je me rends chez lui le 21 pour m'assurer qu'il est réellement absent ; je reste chez lui où il ne se présente ni greffiers, ni huissiers ; il n'y vient que quelques personnes qui sont avec moi à la porte.

Cependant six semaines après, il s'est trouvé un procès-verbal de tous ceux que l'on imagine y être ; ces faits sont constatés. On s'empare de force des revenus, et c'est le sieur la Milliere qui par-tout est en personne. On met de nouvelles affiches continuelles, mais on ne met plus le mot de direction.

Je m'adresse à l'Assemblée Nationale et je préviens que je donnerai des détails sur la journée du 20 mai 1781. J'ignorois alors que le comité en découvriroit vingt fois plus que je n'en savois.

Dans cet état des choses, les sieurs Meulan ayant eu connoissance que j'avois annoncé des renseignemens à l'Asssemblée, au comité des pensions, des instuctions sur la journée du 20 mai, crurent ne pouvoir trop se hâter de mettre tout en œuvre pour prévenir

venir le coup qui les menaçoit, ils imaginè-
rent de faire révoquer M. de Celles, magistrat dont l'intégrité est à l'abri de tout soup-
çon, premier rapporteur dans mon affaire,
et de nommer de nouveaux commissaires, et
sur-tout un rapporteur à leur gré. Leur
choix tomba sur M. Gigault de Crisenoix,
fils de financier et financier légiste, duquel
ils espéroient d'autant plus, qu'ils savoient
que par événement, j'avois eu des affaires
d'intérêts avec sa famille. Je lui écris qu'il
est récusable, mais que *la force de mes
droits me tranquillisoit.* Je ne croyois pas
d'après cela qu'il pût se permettre de rester,
et moins encore de tenter l'impossible pour
me faire perdre mes biens. En vain je l'ins-
truisis des comptes par moi rendus à l'Assemblée Nationale, il ne s'en montra que plus
ardent à me persécuter. Il m'a paru qu'en
général l'Assemblée n'étoit pas en bonne
odeur auprès de la finance, et de tous ceux
qui avoient jeté un dévolu sur les alentours
du trésor royal.

Dès le 24 octobre 1789, ne pouvant disposer
de mes revenus qui étoient arrêtés, j'avois
cru devoir donner en don patriotique 33,000
livres sur ma charge de lieutenant-de-roi du

haut et bas Maine , seul objet dont j'étois libre de disposer. J'observe que cette finance étoit totalement libre par les édits de création, excepté pour les prêteurs de fonds , auxquels je réservois les 12,000 livres.

Au mois de novembre 1789 , je réitère mon opposition à l'arrêt du conseil du 10 octobre 1788 , qui ordonnoit la vente de ma terre. J'ai demandé 1,200,000 livres de dommages ; j'ai détaillé les motifs de ma demande , fondée sur ce qu'ils avoient articulé tous faits faux ; que c'étoit sur les mêmes pièces dont ils avoient été déboutés par arrêt du 2 février 1788 (1) ; que ma terre n'étoit ni ne pouvoit être en direction ; que ma charge de lieutenant-de-roi étoit insaisissable , et j'en justifiois de l'édit de création ; je déclarois avoir donné 33 mille livres sur les 45 , les autres 12 mille livres appartenant à une privilégié, ce qui étoit pareillement justifié par acte.

Ma demande a été accueillie par un arrêt de soit communiqué aux Srs Meulan , St. Prix et Taupinard de Tillieres , et ils sont restés

____

(1) On sait qu'il est d'usage de mettre seulement *néant* à une requête non admise ; mais le ministre justement indigné de la surprise qu'on avoit voulu lui faire, ordonna qu'une expédition m'en fût remise , pour me faire connoître sans doute à quels ennemis j'avois affaire.

près de quatre mois sans oser y répondre , c'est-à-dire long-tems après que les délais pour obtenir la forclusion ont été écoulés.

Au mois de décembre ils ont cherché à empêcher la coupe de mes bois , 1º. pour faire manquer d'ouvrage à deux cents famille ; 2º. pour porter le peuple à saccager mes biens , et ils en ont fait donner l'exemple par gens à eux affidés ; 3º. et enfin dans l'intention de m'empêcher de payer 200 mille livres , prix de deux coupes de ma forêt.

Le 3 janvier 1790 , la municipalité du canton d'Ablois arrête d'envoyer des députés à l'Assemblée Nationale , pour être autorisée à faire des travaux, attendu la misère publique provenant de ce qu'on ne coupe pas dans mes bois. J'arrive le soir de ce jour-là même, et comme il n'y avoit point de direction , dès le lendemain quatre cents ouvriers ont de l'ouvrage. Je dois ajouter que l'adjudicataire des bois étoit tenu par son marché de payer aux créanciers.

En janvier , février et mars , on laisse tranquilles les adjudicataires; mais ensuite on exerce envers eux des vexations inouies. On veut faire marcher les gardes nationales, et ne pouvant y réussir , on veut en vain prendre des maréchaussées pour arrêter les travaux

Avant cette époque, le 10 mars, j'avois écrit une lettre imprimée à tous ceux à qui je devois, pour rembourser dans le courant de juillet dernier tout l'exigible, et sous trois ans toutes les rentes contituées, même les rentes viagères, et je leur avois annoncé entr'autres sommes, les 200,000 l. du prix de la coupe des bois.

Je leur démontrois par preuves non équivoques, que la conduite de ces prétendus syndics n'avoit pu avoir d'autre but que de me dépouiller, et qu'elle étoit tellement contraire à leurs intérêts que, si leurs manœuvres avoient réussi, la vente de ma terre, frais prélevés, n'eût peut-être pas suffi pour payer ce que je dois, quoique j'aie en effet plus de trois fois de quoi m'acquitter.

Le 30 juin dernier, les sieurs Meulan, de Saint-Prix et Tunpinard de Tillieres, qui avoient fait mettre dans les affiches mon bien en direction, font saisir mes revenus, ce qui prouve un contraste frappant pour tout homme étranger aux mystères de la finance. Ils font rendre le 2 juillet un jugement au rapport du sieur Gigault de Crisenois, par lequel il les envoie en possession de la jouissance de trois objets de mes biens; savoir, des pâtures qui étoient mangées, des droits de foire et de halles, et de lods et ventes qui étoient supprimés par les décrets de l'Assemblée Nationale. Ils se sont désistés à la vérité, et de leurs saisies et de leur jugement , le 10 juillet dernier (1) ; mais comme ils ont toujours à eux des gens en sous ordre, ils font faire une nouvelle saisie par le siéur Moreau, receveur des impositions et leur créature , digne fils de celui qui avoit manœuvré l'expoliation du bien de l'église, en sept. 1780.

J'ai en vain déclaré judiciairement que les biens que l'on saisissoit sur moi étoient loués à bail, que mes bois étoient vendus, et que les prix étoient entre les mains des acquéreurs ; il falloit me décrier , il falloit des saisies , il falloit des vexations , il falloit de nouvelles publications , il falloit me réduire et me dépouiller entiérement , si on l'avoit pu.

Enfin il existe de nouvelles affiches à quelques portes des juges et de mes trois adversaires. On a eu la finesse de n'en mettre ni à la mienne , ni à celle de mon avocat. J'ignore le jugement sur lequel elles ont été mises , ce jugement n'ayant pas été signifié. J'ai protesté

----

(1) Mais les affiches n'en avoient pas moins été publiées.

contre ces nouvelles vexations ; mais toutes les protestations imaginables sont des armes bien foibles contre qui se fait un mérite de braver toutes les loix et de les enfreindre. On a vu que mes adversaires avoient trompé le Roi, joué les ministres, et perpétuellement abusé de leurs places et de leur crédit pour compromettre l'autorité souveraine, au point de la rendre contradictoire à elle-même, en interdisant à ses cours des aides et chambre des comptes, l'examen de la fixation du débet à 561,780 l. J'ai d'abord cru que l'Assemblée Nationale éclairant tous les abus, et employant tous ses soins à les réformer et à rétablir le bon ordre, les rendroit plus circonspects ; mais il semble que la crainte d'une Assemblée aussi auguste n'ait fait, au contraire, que multiplier leur audace, soit qu'accoutumés à jouer tous les pouvoirs et à vivre d'impunité, ils se soient crus hors d'atteinte, soit que se flattant du fol espoir d'une contre-révolution, ils aient prétendu un jour se faire un mérite de leur témérité, soit ces différens motifs réunis, comme il y a lieu de le croire, toujours est-il vrai que non-seulement ils n'ont tenu aucun compte des décrets de l'assemblée, mais qu'ils se sont fait un devoir d'annoncer publiquement leur mépris pour eux, en faisant afficher, contre toute raison, une charge de lieutenant de Roi de la province du haut et bas-Maine, charge insaisissable de sa nature, et en outre supprimée par les décrets, qui, par conséquent, n'existoit plus, dont la province elle-même n'existoit plus, et ce qui acheve de les peindre, charge qui appartient à la nation, puisqu'elle lui a été donnée en don-patriotique, dont le contrat leur a été signifié ; qu'il eût fallu par conséquent retirer de ses mains pour en mettre l'acquéreur en possession, et pour en donner les provisions, anéantir les décrets qui ont formé les départemens du royaume.

Je joins ici l'article de l'extrait des dons-patriotiques de l'assemblée, avec l'extrait de l'édit de création de ces charges, ce qui prouve qu'elles sont insaisissables. Art. 434.

« M. le comte de Vauvineux, capitaine
» de cavalerie, et lieutenant pour sa ma-
» jesté du haut et bas-maine, fait hommage
» à l'assemblée de la remise et abandon de
» la finance de sondit office de lieutenant
» de Roi du haut et bas-Maine, montant à
» 45,000 l., à la charge d'une rente de 600 l.
» au principal de 12,000 l. due aux héritiers

» de M. de Saint-Hilaire , ce qui réduit ce
» don à 33,000 l. »

« A sa lettre , qui est déposée aux archi-
» ves , étoient joints un abandon pardevant
» notaire , de ladite finance , la quittance
» des 45,000 l. montant d'icelle , et des let-
» tres de relief et de surannation accordées
» audit sieur comte de Vauvineux. »

Extrait de l'édit de 1692. « *Les appointe-*
» *mens de nos lieutenans* ne seront *sujets ,*
» *ni les charges , à aucunes saisies de leurs*
» *créanciers ,* à la *réserve de ceux qui pour-*
» *roient avoir prêté leurs deniers pour l'ac-*
» *quisition desdites charges* ».

Je pourrois joindre l'extrait de la quittance
de hé itiers St. Hilaire, aujourd'hui Boilesve
du Planty ; qui viennent de recevoir en ma présence les arrérages pour 1788, et qui également
ont la quittance pour toucher ceux de 1789 ;
preuve incontestable que mes biens ne sont
pas en direction , et qu'il ne pouvoit y avoir
aucune opposition, ce qui justifie la validité
du don de 33,000 l. par moi fait, point incontestable, mais qu'il m'étoit très-essentiel
de prouver.

Si mes adversaires n'avoient pas eu en vue
de braver les décrets de l'assemblée , au-

roient-ils jamais osé , sous ses yeux, afficher la vente d'une terre de 3,000,000 livres, sans autre droit qu'un *arrêt sur requête non-communiqué*, pour lequel il y a instance au conseil, en 1,200,000 livres de dommages et intérêts, tant pour l'avoir surpris, que pour avoir mis l'enchère à moitié prix de sa valeur, afin de la déprécier et de me décrier, et ce dans le moment même où l'Assemblée proscrivoit les tribunaux d'exception ?

Aussi ont-ils osé affecter de comprendre dans les nouvelles affiches les biens de plusieurs églises et du domaine , tous biens déclarés nationaux , pour lesquels je suis en instance afin d'en obtenir la distraction, avec offres de les payer à la nation.

Si ce n'avoit été par mépris pour les décrets , se seroient-ils oubliés jusqu'à vouloir vendre des droits de foire , de halle , de meules , et de corvées proscrits par l'Assemblée ? Auroient-ils, sans égard pour celui des propriétés , fait faire des fouilles dans les avenues mêmes du château , afin de lui donner l'air d'être en décret , et de le faire regarder comme à l'abandon et au pillage ?

Pour rendre croyable ce dernier fait, qui pourroit paroître une vraie fable, je crois nécessaire d'entrer à cet égard dans un certain détail.

Dès le 5 août 1789, j'avois fait remise à tous les habitans d'Ablois et dépendances des droits de foire, de halle, de meules, de corvées et de bannalité, faits qui par événement ont été rendus publics. Cette publicité n'a fait qu'animer davantage mes adversaires. Ils ont commencé par tâcher, au moyen de leurs créatures, de forcer le public à payer les droits de halle et de foire ; et ce qui en a été payé est aujourd'hui désavoué par ceux qui l'ont touché, mon fermier ne les ayant pas perçus.

Comme le droit de *meules* est un droit féodal très-rare et peu connu, dont le motif même peut être ignoré, j'ai cru devoir l'expliquer. Il consiste à fouiller dans un terrain où il y a des pierres à meules (droit, comme on voit, bien contraire aux propriétés). Les meuliers paient 4 livres au propriétaire par chaque meule dont le prix est de 60 à 120 livres, et 3o sols au seigneur. Le motif de ces 3o sols est, parce qu'un arpent où l'on a creusé des trous de quinze à vingt-cinq pieds de profondeur étant perdu pour le propriétaire, les lods et ventes sont dès-lors perdus pour le seigneur ; et c'est pour le dédommager de cette perte occasionnée par les excavations, qu'on lui accordoit ces 30 sols. Or, du moment que j'ai eu fait la remise de ce droit à tous les propriétaires, et que cette remise s'est trouvée consolidée par les décrets qui ont assuré les propriétés, aucun particulier n'a voulu permettre de laisser fouiller sur son terrain. Mais les sieurs de Meulan, Saint-Prix et Taupinard de Tillieres ont fait dire qu'ils pouvoient fouiller dans toutes mes terres, et notamment dans les avenues en face du château. (1)

Toute cette conduite paroîtroit bien plus incroyable, si au but constant de m'expolier de toute ma fortune, il ne s'étoit pas joint un intérêt bien pressant. Comme c'est le nœud gordien de mon affaire, qu'il jette le plus grand jour sur les déprédations exercées envers le trésor royal, et que j'ai déjà donné quelques renseignemens à ce sujet au comité des pensions sur quelques articles des pages 24 et 65 de *l'état de comptant*, et *des restes* de l'année 1783, articles que je vais rapporter en propres termes : ils ont cru ne pouvoir trop se hâter de m'écraser. Il est dit, page 24, ,, aux sieurs de Meulan,

---

(1) Les procès-verbaux constatent plus de quatre-vingt-meules tirées.

pour le prix de la terre et seigneurie de Saint-Martin d'Ablois ; la Nonelle et Dumesnil-le-Hultier, vendue au sieur comte de Vauvineux , par la veuve et hé.itiers dudit feu sieur de Meulan père, receveur-général des finances de la généralité de Paris, par contrat du 2 octobre 1780 ; minute à le Febvre, notaire à Paris ; et *laquelle somme avoit été déposée au trésor-royal par le sieur comte de Vauvineux ;* ordonnance *du 4 avril 1784* .... 561780 liv. „

Même page , » au sieur Thoynet, trésorier des ponts et chaussées , pour le paiement des diverses dépenses des ponts et chaussées ; ordonnance *du 4 avril 1784.* 2,200,000. „

Plus, page 25. Au sieur Thoynet, trésorier des ponts et chaussées , pour être employées au paiement des ouvrages nécessaires pour la perfection des routes et communications du pays, entre le feu roi Louis XV, et le prince évêque de Liège , le 24 mai 1772 ; ordonnance *du 11 avril 1784.*....... 300000 liv.

J'ajoute ensuite l'OBSERVATION IMPORTANTE du comité, page 65.

Pag. 24 *des restes* M. de Meulan est porté en toutes lettres pour 561,780 liv. ; hors ligne pour 56 , 780 liv.

Pag. 25 , *idem.*   M. Thoynet , porté en toutes lettres pour 3oo,ooo liv. , hors ligne pour 3o,ooo liv.

Je crois inutile de citer tous les articles de 1783 , qui les regardent directement ou indirectement , ainsi que ceux qui les ont servis. L'examen des pièces mettra le comité des pensions dans le cas de voir que j'ai été très-modeste en annonçant 5,ooo,ooo liv. On sait aussi que sous le nom de Thoynet , c'est M. de la Millière , intendant des ponts et chaussées , parent et demeurant en 1781 avec les sieurs Meulan, rue de Clichy.

J'ai rendu compte plus haut de la journée du 20 mai 1781 , lendemain du départ de M. Necker , et de l'arrêt qui avoit été surpris par MM. de la Millière , Meulan, et Dufresne , pour fixer le débet Meulan à 561,780 liv. , somme qui , porte l'arrêt du conseil , étoit de la plus grande conséquence pour le trésor-royal. Il est bien singulier que ladite somme soit repassée aux Srs Meulan , et que sur le compte de 1783 , qui est de 145,446,934 liv. 6 s. 2 d. , ce soient les seules sommes de même nature.

J'ai produit au comité des pensions mes quittances de 561,780 liv. , passées devant le Febvre, notaire ; j'en rapporte seulement les dates, savoir, le 27 juillet 1781, 136,932 l. 16 s. 8 d., et le 15 juin 1782, 338,400 l., dont 318,400 liv. de la totalité du prix d'une portion du comté de Vauvineux, vendue en décembre 1781 ; et enfin le 20 janvier 1783, » 86,447 liv. 3 4 d., pour *reste et parfait paiement* de la somme de 561,780 l. que ledit comte de Vauvineux étoit tenu de verser au trésor-royal, sur le prix de la terre d'Ablois, pour libérer envers S. M., la veuve et héritiers Meulan de pareille somme, aux termes de l'arrêt du conseil du mois de mai 1781. »

Je dois observer que les sommes spécifiées dans les quittances, excepté celle du prix de Vauvineux, qui n'est que de décembre 1781, étoient déposées long-temps avant l'arrêt du conseil, et c'est le motif pour lequel S. M. m'avoit dispensé des intérêts.

Le comité des pensions sera dans le cas de s'éclaircir des motifs des dates des 4 avril 1784, sur-tout lorsque, par la remise des pièces, on verra que les sieurs Meulan, en demandant, en 1787, les intérêts des 561,780 liv., dont ils affectoient d'ignorer le paiement, quoiqu'effectué en leur présence, sont convenus encore à cette époque, que le

(47)

capital appartenoit au roi, et cependant, comme on l'a vu, le 30 juillet 1788 on leur a alloué 18000 liv.

Ces réflexions me conduisent à éclaircir l'assemblée sur un fait très-important. La fortune des sieurs Meulan passe pour être très-dérangée, et devoir au trésor public.

Le fait est qu'ils ne vendoient Ablois, que pour payer le roi et des créanciers. Voici ce qu'ils ont touché personnellement.

1°. Le jour du contrat, 81,300 liv.
Pris au trésor-royal .... 561,780 liv.
Les trois coupes de bois, 160,000 liv.
Et j'ai payé à leurs créanciers la somme de ...... 275,000 liv.

Non - compris les deux cens soixante mille ci-dessus portées, qu'ils se sont appropriées de concert avec les sieurs Saint-Prix et Taupinard-de-Tillières, et qui tombent à ma décharge sur Ablois ; mais les sieurs St. Prix et Tillières devant m'en tenir compte, je ne la porte que pour mémoire. Dans ces sommes n'est pas comprise la quittance des cent mille écus de droits de quint et requint. Or les sieurs Meulan ne peuvent disconvenir d'avoir reçu personnellement plus d'un million.

Il résulte de ces faits que les sieurs Meu-

lan , de Saint-Prix , Taupinard-de-Tillières
sont sans intérêt vis-à-vis de moi. Les sieurs
Meulan dont je parois être créancier , sont
réellement mes débiteurs ; et quand je leur aurois dû, c'est aujourd'hui à la nation, dont ils
sont les comptables et débiteurs , que je de-
vrois, et ma terre répondrois de la créance.

Quant aux sieurs Saint-Prix et Taupi-
nard-de Tillières , on vient de voir qu'ils
sont nantis de 285,000 liv. pour le montant de leurs capitaux et intérêts ; fonds
qu'ils ont eux-mêmes avoués dans leur
requête , lorsqu'ils ont voulu surprendre
l'arrêt pour vendre mes biens , et dans
laquelle ils demandoient à être autorisés à
les faire déposer et à en faire la distribution.
Or c'est donc aux sieurs de Saint-Prix et Tillieres à les faire représenter ; mais je leur
laisse pour leur créance , et leur justifierai
des mains-levées nécessaires.

Quant aux autres créanciers , j'annonce à
l'Assemblée que je prends l'engagement de
les payer sur le champ , sans attendre l'éta-
blissement du nouveau tribunal qui sera
chargé de terminer mes affaires , qui se
trouvent liées avec celles de la nation ;
et attendu que les diverses oppositions se

croisent

croisent et se nuisent mutuellement , ils seront invités de se présenter chez MM. Brichard et le Moine , notaire , pour accepter la délégation que je leur donnerai pour toucher sur les fonds qui m'appartiennent ; et par-là , il sera reconnu de la manière la plus authentique que malgré plus de 2,500,000 de pertes depuis neuf ans , je ne redevrai pas à constitution 400,000 liv. sur une terre de 3,000,000 liv.

On verra que j'avois à l'époque de 1780 , les fonds pour payer en totalité Ablois ; il sera reconnu que c'est le vol des 561,780 liv. fait au trésor-royal , qui a été l'origine de toutes les persécutions que j'ai éprouvées ; et l'on voit l'intérêt personnel des sieurs Meulan , la Millière , Saint-Prix , Taupinard-de-Tillières , non-seulement à m'écraser , mais à désirer une contre-révolution.

Les sieurs Meulan et la Millière n'ignorent pas le décret de l'assemblée , qui porte que les comptes depuis dix ans rendus , sont sujets à un nouvel examen.

Il est encore un fait qui démontre bien visiblement la mauvaise foi de mes adversaires , et leur entier mépris des décrets de l'assemblée. On a vu qu'ils m'avoient vendu

D

dès biens d'église , et notamment la place de l'église et des bâtimens , et 5o arpens du prieuré ; que le prieur a formé une tierce-opposition , et demandé la distraction de la partie du domaine qui lui appartenoit , demande juste ; mais un décret de l'assemblée ayant défendu de poursuivre contre les ecclésiastiques, je n'ai pu répondre ; mais mes adversaires connoissant de quelle importance étoit pour eux cette découverte, ont voulu profiter de mon silence , pour tâcher de vendre ma terre avec les biens du clergé.

Un fait aussi singulier, c'est que le sieur Gigault de Crisenois a été plus de deux mois sans vouloir répondre la requête du prieur, sans quoi tout auroit été découvert avant le décret , découverte d'autant plus essentielle qu'elle démontroit évidemment que les sieurs de Meulan sont en effet mes débiteurs.

Je ne rapporterai point d'autres faits ; le dépôt des pièces que je demande à l'Assemblée les démontrera et donnera bien des renseignemens utiles au trésor national. Je prie cependant l'Assemblée de vouloir bien me permettre de lui citer deux faits particuliers, matière de mes demandes actuelles , et qui occuperont les premiers momens du nouveau tribunal. La première est la nullité d'un prétendu bail judiciaire qui a existé trois ans , fait *sans sentence ni affiches* , adjugé à 75,000 l. à un être fantastique et inconnu , prête-nom du sieur Coulon , commissaire aux saisies-réelles , tandis qu'il existoit à sa connoissance pour 115,000 l. de baux et marchés en deux parties.

Le second pour 80 arpens de grands bois, que le sieur Coulon a coupés, et dont il n'est pas disconvenu , au-delà des coupes portées dans la prétendue adjudication.

J'ai démontré ma position avant l'acquisition de la terre d'Ablois , terre que je payois comptant si les sieurs de Meulan n'avoient réussi à se faire substituer à la place du Roi, à me vexer au point de me faire essuyer plus 1,500,000 l. de pertes , ce qui m'auroit entiérement ruiné si les bois n'avoient doublé de valeur depuis 1783 , et qui me laisse encore environ 80,000 l. de rentes nettes et quittes de charges ; et cependant depuis six ans à peine ai-je de quoi vivre ; et je dois dire que leur défenseur n'a pas rougi d'avancer qu'il ne pourroit réussir qu'en me prenant par la famine , et qu'il y parviendroit. C'est en conséquence de tout ce qui précède, que je supplie l'Assemblée, 1°, de me mettre, ainsi que mes biens, sous sa sauve-garde ; 2°. d'ordonner le dépôt de toutes les pièces, soit fait au comité des pensions, ou à celui des recherches, et notamment de tous les arrêts du conseil relatifs à cette affaire, ainsi que les minutes qui sont ou doivent être entre les mains du sieur Balsac, secrétaire de divers maîtres-des-requêtes, et nommé pour tenir la place de greffier dans la commission. Je la supplie, aussi-tôt après l'organisation des tribunaux, d'indiquer celui qui devra connoître de mes affaires, vu sur-tout les biens ecclésiastiques et domaniaux qui sont enclavés dans mes domaines, dont j'espère de payer le prix d'après l'estimation. Je la supplie en outre de me permettre de réitérer en sa présence toutes les protestations que j'ai déjà faites, tant au greffe qu'aux parties, contre toutes les injustices qui se sont passées, me réservant de prendre à partie M. Gigault de Crisenois et tout autre qu'il appartiendra.

POTTIN DE VAUVINEUX.

De l'imprimerie de CHALON, rue du Théâtre Français, 1790.

NOUVELLE

REQUÊTE

ET LETTRE

DE L. P. POTTIN DE VAUVINEUX,

A L'ASSEMBLÉE NATIONALE.

REQUÊTE

A NOSSEIGNEURS

DE L'ASSEMBLÉE NATIONALE.

NOSSEIGNEURS,

C'est avec douleur que je me suis vu forcé d'instruire, mardi dernier 28 septembre, l'Assemblée Nationale d'un nouvel arrêt du Conseil, surpris par l'intrigue des personnes dénommées dans une requête que je faisois imprimer pour l'Assemblée, et dont je portai à l'instant même la première feuille et

A

l'épreuve du surplus , tant à M. Emery, Président, que je suppliai de vouloir bien faire part de ma lettre à l'Assemblée, qu'à M. le Camus.

Ce nouvel Arrêt du conseil est une bombe qu'ils ont essayé de jetter en l'air pour m'écraser, comme s'ils ne savoient pas que ces coups soudains qui compromettoient le nom de l'autorité royale ne doivent plus exister.

Ils n'ignoroient pas et il étoit public, que l'Assemblée Nationale étoit instruite de mes réclamations, et que je l'avois suppliée de me mettre sous sa sauve-garde. Aussi la bombe aura - t - elle éclaté sans produire d'autre effet que de rejaillirsur eux.

Je n'entrerai point dans de nouveaux détails , les momens de l'Assemblée et ceux des comités sont trop précieux. Quelques-unes des pièces énoncées dans ma requête et qui font partie essentielle du dépôt que j'ai supplié l'Assemblée d'ordonner, sont suffisantes pour démontrer que l'arrêt du 17 septembre dernier, signifié le 28 après midi, n'est et ne peut être visiblement qu'une [surprise imaginée par la cabale, et une suite de tous ceux énoncés dans ma requête. Les pièces justi-

fieront de l'impossibilité de cet arrêt : l'une
prouvera qu'ils ont, suivant leur usage, mis
le roi en contradiction avec lui-même ; une
autre, qu'ils l'ont mis en contradiction avec
les édits ; un troisième, qu'ils l'out également
ment mis en contradiction avec les décrets de
l'Assemblée Nationale et contre ses propres
intérêts.

Cet arrêt confirme tous les faits que j'ai
avancés dans ma requête, le public crioit ;
ils savoient que l'Assemblée étoit instruite ; il
a fallu risquer le tout pour le tout, il a fallu
compromettre l'autorité royale et braver les
décrets de l'Assemblée, qui s'opposoient à ce
que cet arrêt pût être rendu.

D'après le coup lancé par cet arrêt, et qui
sans la révolution et sans l'Assemblée Nationale me réduiroit peut-être sans pain avec
une fortune de plus de deux millions, coup
qui aux yeux ouverts et clairvoyans du public
va paroître encore un coup d'autorité par
ces grands mots, LE ROI ÉTANT EN SON CON-
SEIL, ORDONNE, etc. Le Roi, et je puis dire
ses ministres, reconnoîtront l'impossibilité
que pareil arrêt existe, la cause n'étant pas
même dans le cas d'être instruite ni jugée, et

par conséquent la surprise faite au comité contentieux, et desuite au conseil d'état du roi

J'attends avec confiance que l'Assemblée ordonne le dépôt des pièces. J'avois annoncé que l'on retrouveroit plus de cinq millions sur le compte de 1783. Il est impossible qu'en démontrant comment l'intrigue parvient à surprendre et le roi et les tribunaux, cela ne conduise, d'après les décrets de l'Assemblée, à un examen bien plus considérable.

Il est heureux pour moi que mes intérêts se trouvent liés avec ceux de la nation ; je n'aurois osé supplier l'Assemblée d'inter-rompre ses travaux ; et le danger que j'ai couru va démontrer peut-être combien il est possible qu'il y ait de citoyens opprimés, et forcés de souffrir en silence.

Je réitère mes supplications pour que l'Assemblée ordonne le dépôt des pièces, et je joins ici copie de la lettre que j'ai eu l'honneur d'adresser à l'Assemblée le 28 du mois dernier.

POTTIN DE VAUVINEUX.

MESSEIGNEURS,

Je viens réclamer le tribunal de la Nation. Je suis au moment d'être dépouillé de toute ma fortune, et ce pour avoir donné à l'Assemblée, et notamment au comité des pensions, des pièces et renseignemens qui lui découvrent une expoliation faite au trésor royal de plus de cinq millions sur le compte de 1783, dont 56178o liv. par moi déposées, et quantité d'autres faits intéressans. Je suppliois l'Assemblée, par un mémoire dont M. le Camus a connoissance, comme je la supplie d'ordonner le dépôt des pièces au comité des pensions, et l'Assemblée connoîtra par ce dépôt que l'arrêt du conseil qui m'a été signifié ne peut exister, et qu'il n'est qu'une suite des manœuvres sourdes annoncées dans mon mémoire, et pour me ravir à l'instant deux millions. Je la supplie d'ordonner que ma lettre soit remise à M. le Camus, qui voudra bien lui rendre compte des faits, et qui a déjà pris copie de diverses pièces. J'ose espérer que cette nouvelle oppression, loin de me perdre, va me procurer la tranquillité et donner à l'Assemblée un fil précieux sur les ennemis de la révolution attachés au conseil. Je la supplie en même-tems de me mettre, ainsi que ma fortune, sous sa sauvegarde.

J'ai l'honneur d'être avec le plus profond respect,

MESSEIGNEURS,

Votre très-humble et très-obéissant serviteur,

POTTIN DE VAUVINEUX.

Ce mardi 28 Septembre.

TABLE

Des principaux faits énoncés dans la requête adressée à l'Assemblée Nationale.